ROBOTS
DEL FUTURO

Explora • Descubre • Aprende

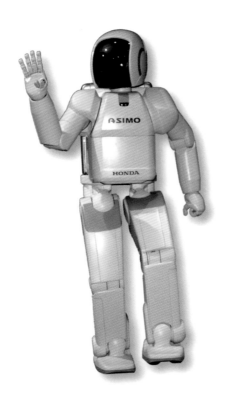

LAROUSSE

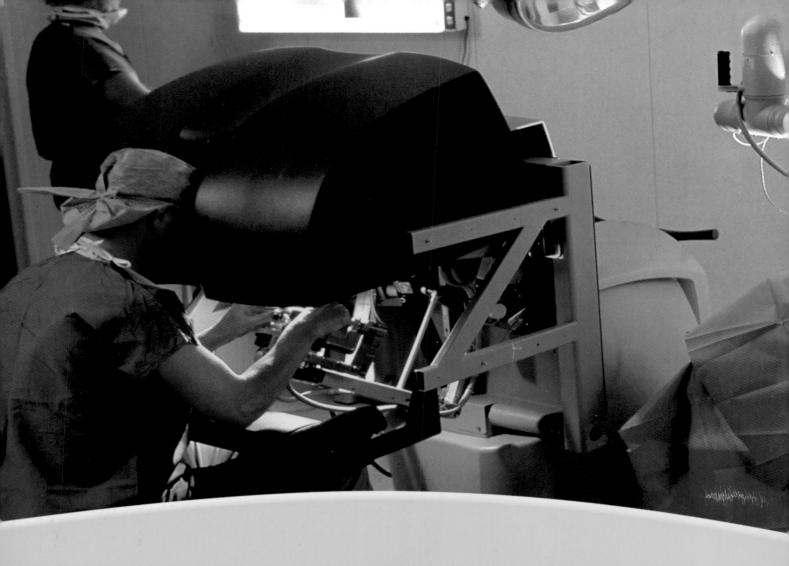

●Discovery
EDUCATION™

© 2011 Discovery Communications,
LLC. **Discovery Education™** y el
logo de **Discovery Education** son
marcas registradas de Discovery
Communications, LLC, usadas bajo
licencia. Todos los derechos reservados.

Concebido y publicado originalmente por
Weldon Owen PTY Ltd
59—61 Victoria Street, McMahons Point
Sydney NSW 2060, Australia

Copyright © 2011 Weldon Owen Pty Ltd

D.R. © MMXI Ediciones Larousse,
S.A. de C.V.
Renacimiento 180, Col. San Juan Tlihuaca,
Azcapotzalco, C.P. 02400, México, D.F.

Edición original
Dirección general Kay Scarlett
Dirección creativa Sue Burk
Publicación Helen Bateman
Edición Madeleine Jennings
Edición de textos Barbara McClenahan,
Bronwyn Sweeney, Shan Wolody
Asistencia editorial Natalie Ryan
Dirección de diseño Michelle Cutler,
Kathryn Morgan
Diseño Lore Foye, Kathryn Morgan
Dirección de imágenes Trucie Henderson
Iconografía Tracey Gibson
Consultor Glenn Murphy

Edición en español
Dirección editorial Tomás García Cerezo
Gerencia editorial Jorge Ramírez Chávez
Traducción Marianela Santoveña Rodríguez
Formación Itzel Ramírez Osorno
Edición técnica Graciela Iniestra Ramírez,
Susana Cardoso Tinoco,
Roberto Gómez Martínez
Diseño de portada Pixel Arte Gráfico

Primera edición en español, abril de 2011

ISBN: 978-1-74252-151-0 (Weldon Owen)
ISBN: 978-607-21-0329-0 (Ediciones Larousse)

Impreso en China - *Printed in China*

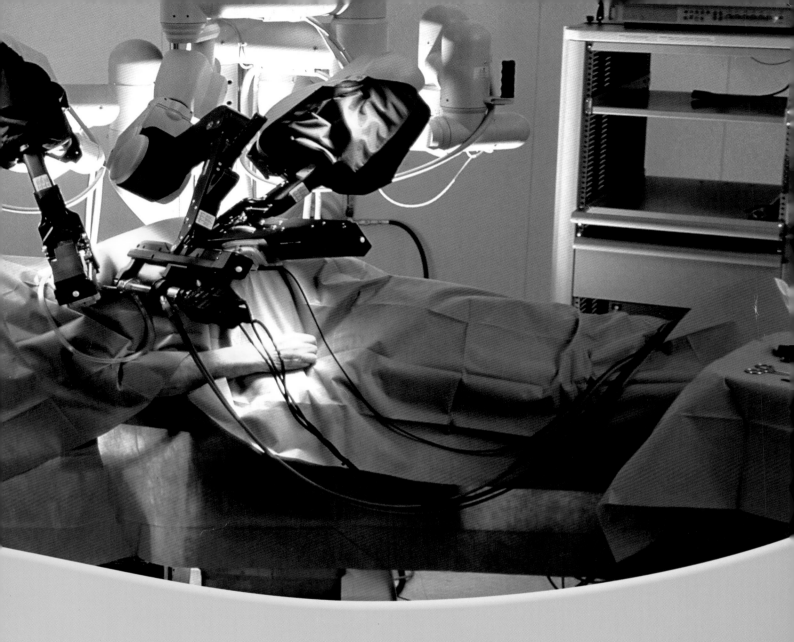

ROBOTS
DEL FUTURO
Explora • Descubre • Aprende

Nicolas Brasch

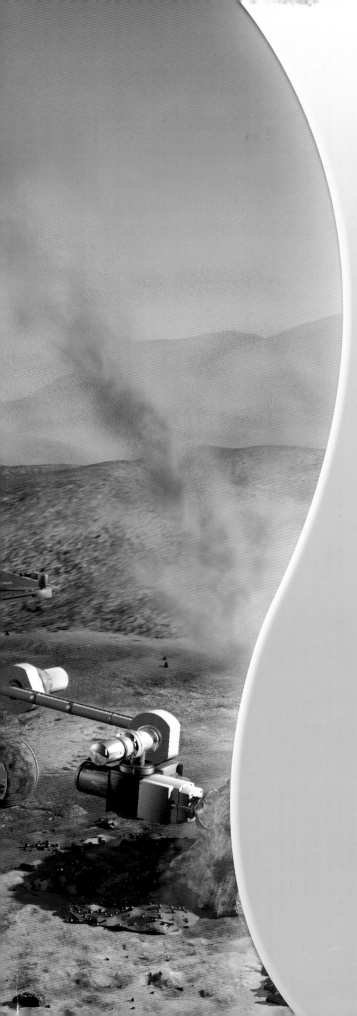

Contenido

Tipos de robots

H ay muchos tipos distintos de robots. Algunos se fabrican para facilitar y hacer más seguro el trabajo de los humanos. Otros se fabrican por diversión. Los humanos siempre controlan a los robots, deciden qué hacen y cómo. Algunos robots se controlan mediante programas de cómputo diseñados por humanos, mientras que otros se maniobran mediante un control remoto.

Robot humanoide
Un humanoide es un robot que parece humano. Algunos sólo tienen rasgos físicos básicos. Otros tienen algunos sentidos humanos como tacto, vista y oído.

Brazo robótico
Los brazos robóticos son robots que cuentan con varias articulaciones móviles, como un brazo humano. Desempeñan tareas más rápido y con mayor precisión y fiabilidad que un ser humano. Los brazos robóticos son más comunes en fábricas.

Robot sobre ruedas
Algunos robots desempeñan tareas extremadamente peligrosas o difíciles para los humanos. Este robot es capaz de detectar la presencia de bombas o minas y su trabajo evita poner vidas humanas en riesgo.

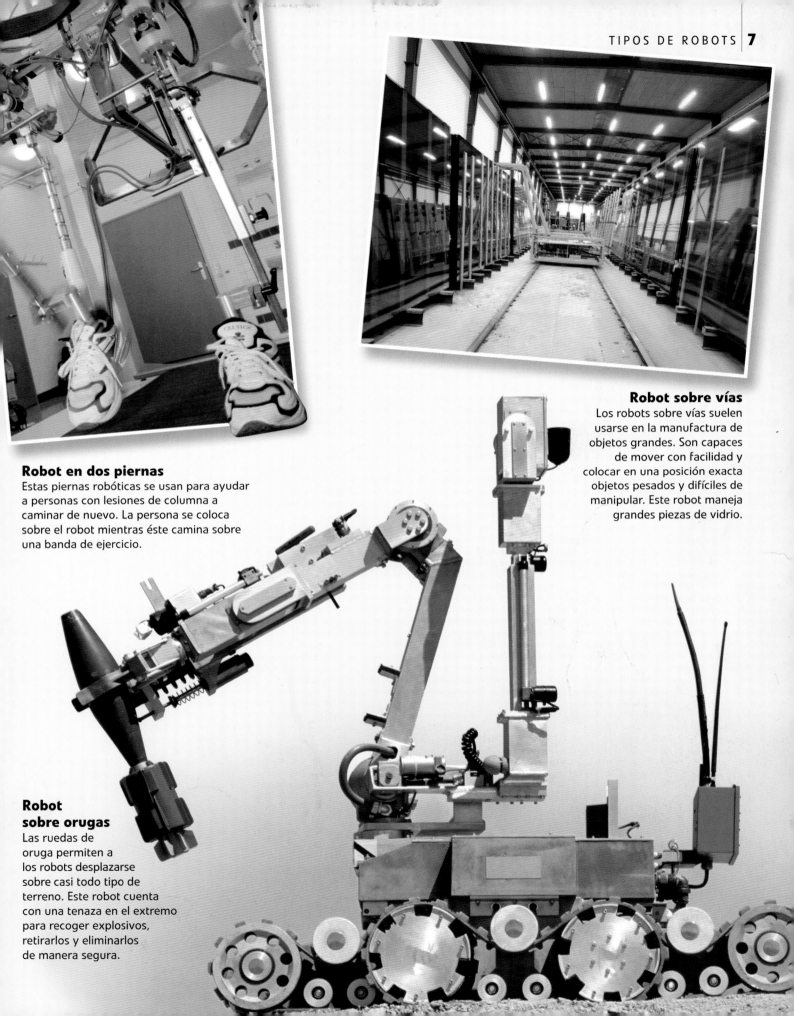

Robot en dos piernas

Estas piernas robóticas se usan para ayudar a personas con lesiones de columna a caminar de nuevo. La persona se coloca sobre el robot mientras éste camina sobre una banda de ejercicio.

Robot sobre vías

Los robots sobre vías suelen usarse en la manufactura de objetos grandes. Son capaces de mover con facilidad y colocar en una posición exacta objetos pesados y difíciles de manipular. Este robot maneja grandes piezas de vidrio.

Robot sobre orugas

Las ruedas de oruga permiten a los robots desplazarse sobre casi todo tipo de terreno. Este robot cuenta con una tenaza en el extremo para recoger explosivos, retirarlos y eliminarlos de manera segura.

Partes de un robot

Aunque existen muchos tipos distintos de robots, la mayoría tiene un cuerpo con partes independientes y móviles. Dichas partes suelen imitar movimientos humanos. Por ejemplo, un brazo robótico tiene articulaciones móviles que funcionan de forma parecida al codo o la muñeca humanos. Algunos robots humanoides caminan en dos piernas y recogen objetos con sus manos.

Sensores de luz

Un sensor de luz detecta la luz visible o infrarroja que reflejan los objetos a su alrededor. Esta función permite a los robots dirigirse hacia otros objetos o alejarse de ellos.

Sensores de sonido

Un sensor de sonido detecta ondas sonoras que rebotan en un objeto. Esto le da al robot mayor información sobre su entorno y le permite calcular la distancia hacia ciertos objetos. También es posible fabricar robots con un dispositivo de reconocimiento de lenguaje que les permite responder a instrucciones dadas por la voz humana.

Sensores de presión

Algunos robots tienen sensores de presión, algo similar al sentido humano del tacto. Estos sensores suelen tener dos funciones: que el robot anticipe si va a chocar contra algo y cambie su curso, y que robots con piernas y brazos tomen y levanten objetos correctamente.

Fuente de poder interna

Los robots necesitan una fuente de poder para funcionar. Algunos robots usan baterías. Otros tienen celdas solares que convierten la luz en energía. Y a los robots mecánicos hay que darles cuerda.

Controlador interno

Cada robot tiene un controlador, que es básicamente un sistema operativo de cómputo. Éste contiene toda la información que le permite al robot cumplir tareas y órdenes. El controlador es el equivalente al cerebro humano.

CONTROL REMOTO

Aunque tienen controladores, los robots que se envían a otros planetas, como el Mars Sojourner, también pueden manejarse remotamente desde la Tierra. Estos robots tienen cámaras que envían imágenes a la Tierra y, con dichas imágenes, el operador decide hacia dónde debe moverse y qué tareas debe realizar el robot.

Robots en la industria

Por más de 50 años se han usado robots en la industria. Algunos son más rápidos y precisos que los humanos, mientras que otros mueven objetos pesados más fácilmente. Los robots pueden completar la misma tarea una y otra vez sin aburrirse. Otra ventaja del uso de robots es que éstos requieren menos descanso. Si bien necesitan reparaciones y mantenimiento, no necesitan dormir, ir al baño o ir a casa a cuidar de su familia.

Industria automotriz

En una fábrica de autos en Alemania, más de 450 robots industriales trabajan en el taller. Algunos sueldan partes de la carrocería, mientras que otros colocan pequeñas piezas en su lugar. Algunos fusionan ventanas con láser y otros llenan cada vehículo exactamente con la cantidad adecuada del combustible correcto.

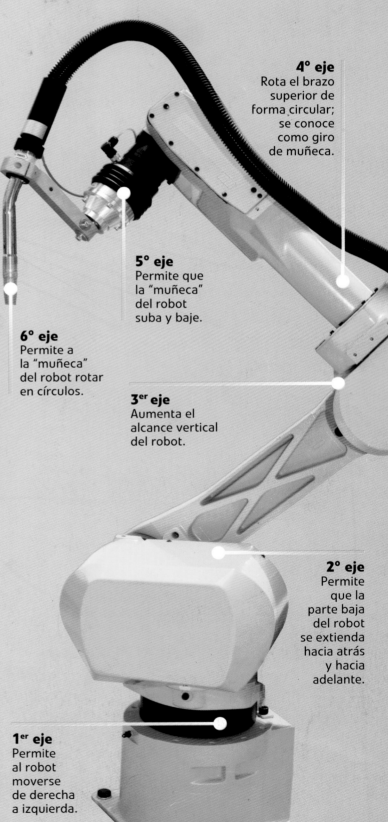

Robot de seis ejes

Un eje es un punto alrededor del cual rota algo. Muchos robots en la industria tienen seis ejes. Cada eje le permite al robot moverse de una forma particular.

4° eje
Rota el brazo superior de forma circular; se conoce como giro de muñeca.

5° eje
Permite que la "muñeca" del robot suba y baje.

6° eje
Permite a la "muñeca" del robot rotar en círculos.

3er eje
Aumenta el alcance vertical del robot.

2° eje
Permite que la parte baja del robot se extienda hacia atrás y hacia adelante.

1er eje
Permite al robot moverse de derecha a izquierda.

Robots en la medicina

Uno de los mejores ejemplos de cómo pueden ayudar los robots a los humanos es su uso en la medicina. A veces la cirugía supone una actuación menor de los robots. Para realizar tareas que llevan tiempo o son complicadas, los doctores pueden usar instrumentos robóticos, más eficientes que los instrumentos médicos convencionales. Sin embargo, en algunos tipos de cirugía —como ciertas operaciones del corazón— los robots pueden jugar un papel importante.

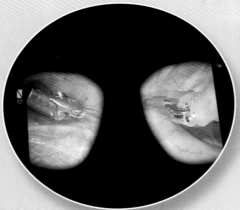

Así ve un cirujano
Cámaras sujetas al robot le dan al cirujano una vista en primer plano de la operación que se lleva a cabo.

Operación en curso
Un robot conocido como Sistema da Vinci lleva a cabo una operación de corazón. Un cirujano controla manualmente los brazos robóticos. Existen otros sistemas robóticos que responden a órdenes verbales. En el futuro, las operaciones médicas con robots serán cada vez más comunes.

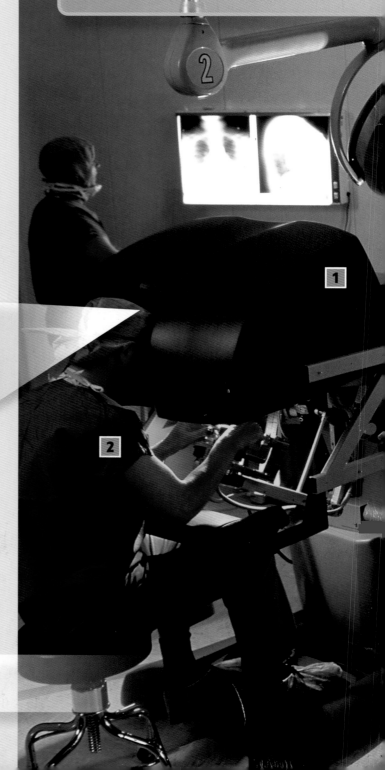

Ahora es posible operar con el cirujano en un lugar y el paciente en otro.

1 Vista en primer plano

La consola del cirujano está a varios metros de la mesa de operaciones. Las cámaras sujetas a los brazos robóticos le dan al doctor una vista de la operación en primer plano, tres dimensiones y alta definición.

2 Palancas de control

Aunque no esté frente a la mesa de operaciones, el cirujano siempre tiene el control. Él mueve los brazos robóticos mediante palancas parecidas a las de las consolas de videojuegos.

3 Multifuncionalidad

Los brazos robóticos tienen diversas funciones, incluidas cortar, coser, extraer órganos y retransmitir imágenes al cirujano y otros miembros del equipo médico.

4 Presentación de imágenes

Las imágenes de la operación se presentan en una pantalla para que el equipo médico que asiste al cirujano pueda ver lo que ocurre.

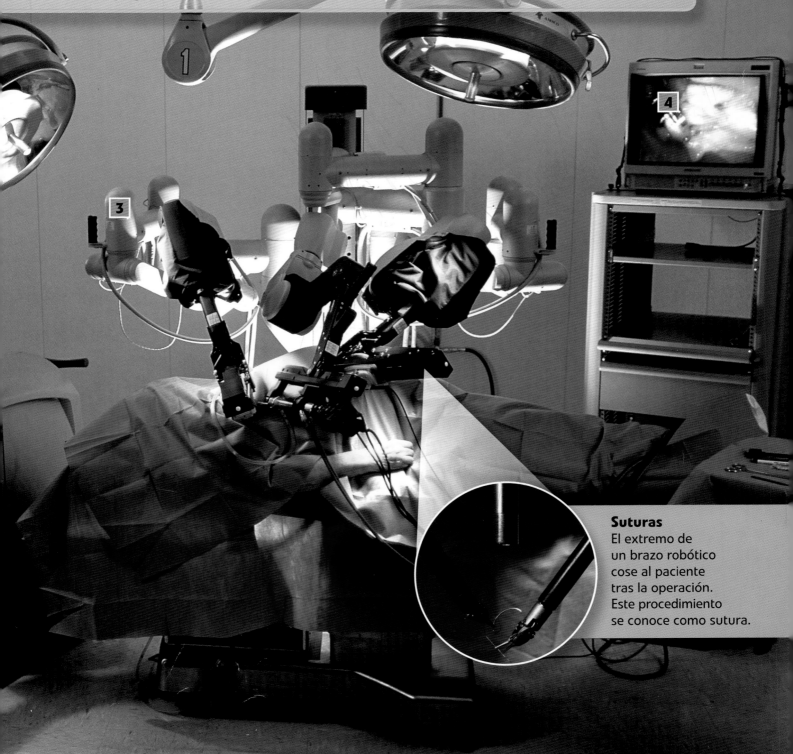

Suturas
El extremo de un brazo robótico cose al paciente tras la operación. Este procedimiento se conoce como sutura.

Robots en el espacio

Muchas veces los robots parecen cosa de ciencia ficción, así que no es de sorprender que se usen en el espacio. Los robots son perfectos para esto, ya que pueden funcionar por largo tiempo en un ambiente que los humanos sólo podrían visitar por un breve periodo. Desde la década de 1960 se envían robots al espacio. Algunos solamente han volado junto a otros planetas, enviando fotografías e información; otros han aterrizado para realizar amplias inspecciones y recolectar muestras para enviarlas a la Tierra con el fin de estudiarlas.

Espectrómetro
Sirve para realizar exámenes detallados de muestras de roca y minerales.

Robots exploradores

La NASA, la agencia espacial de EUA, envió dos robots a Marte en 2003. Conocidos como los Exploradores de Marte, aterrizaron en enero de 2004 y desde entonces examinan de cerca el "planeta rojo". Su objetivo principal es encontrar pruebas de la existencia de agua en Marte. Los exploradores tienen muchos instrumentos especiales.

Cámara
Sirve para obtener imágenes de la superficie.

Imán
Sirve para recolectar partículas de polvo magnético.

Herramienta de abrasión
Sirve para exponer el interior de las rocas.

CENTAURO

La NASA desarrolló un robot astronauta conocido como Centauro. Mitad humanoide y mitad vehículo, fue usado en el desierto de Arizona como parte de las pruebas de la nueva generación de equipo espacial. Otro robot de la NASA, el explorador SCOUT, es capaz de transportar tanto astronautas como equipo, obedecer órdenes verbales y señales de mano, recibir órdenes por control remoto inalámbrico y retransmitir comunicaciones e imágenes.

Centauro con SCOUT en el fondo

¡Es increíble!

La NASA desarrolló un robonauta. Se ve y funciona como un astronauta humano. Los robonautas pueden sobrevivir en el espacio más tiempo que la gente y llevar a cabo tareas peligrosas.

Robot LEGO

La marca de juguetes LEGO existe desde
1932. En los últimos años ha producido
robots a escala. Aunque se trata
de juguetes, tienen muchas de
las complicadas características
de los robots, como sensores,
controladores y fuentes
de poder. Este robot
puede seguir órdenes
y jugar voleibol
contra otro
robot LEGO.

La Copa Mundial de los Robots

Este evento se realiza cada año. Varios
equipos construyen y programan
robots para competir contra otros
equipos en juegos de futbol. El objetivo
es aprovechar estos juegos para
desarrollar la robótica avanzada y
la tecnología de inteligencia artificial.

Jugar con robots

Los robots de juguete se han vuelto cada vez más populares, especialmente en Japón. Algunos funcionan mediante un dispositivo de control remoto; otros responden a voces u otras señales sonoras, como palmadas. Aunque son juguetes, la investigación y la tecnología requerida para crearlos ayuda a avanzar en el campo de la robótica.

Perro robot
Este perro robot fue diseñado para actuar y responder de la misma forma que un perro real. Ladra, camina, ruega y obedece a ciertos comandos de voz. También puede levantar la pata como lo hacen los perros machos.

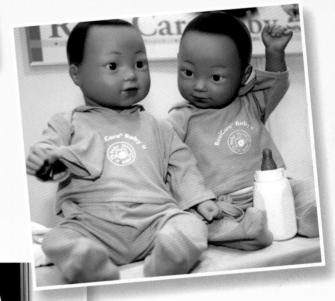

Bebé robot de juguete
RealCare Baby II es un robot recargable que actúa y reacciona como un bebé. Necesita alimentarse, eructar, ser mecido y cambiado de pañal cada día de cada año. Responde sólo a su cuidador principal, quien debe portar una identificación inalámbrica mientras cuida del bebé.

Donde los humanos temen ir

Los robots son la solución ideal para llegar a lugares muy peligrosos o remotos para los humanos: el espacio, el fondo marino, los desiertos, el interior de los volcanes y las zonas de guerra. Los robots no necesitan comida ni agua, pueden equiparse con baterías de larga duración o paneles solares y estar hechos para soportar el frío o el calor extremos.

Exploración submarina
El submarino Rémora 2000 y el VOD Super Achilles suelen trabajar juntos buscando naufragios y otras reliquias en el fondo marino. En el submarino caben dos observadores. El Super Achilles es un robot que realiza diversas tareas, entre ellas fotografiar objetos, tomar muestras y recuperar artículos sumergidos.

El robot Dante
Este robot puede entrar en volcanes incluso mientras están en erupción. Además, puede tomar muestras de gas y otras sustancias y retransmitir la información a científicos en una ubicación segura. El robot Dante explora el cráter del monte Spurr, en Alaska, EUA.

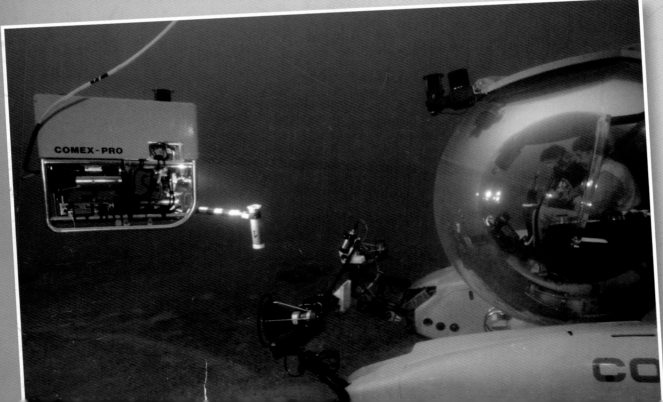

Eliminación de bombas
Un robot a control remoto examina una caja durante una demostración de seguridad. Debido a la amenaza de actividad terrorista alrededor del mundo, los robots que eliminan bombas deben ser capaces de realizar muchas operaciones distintas. Las versiones más modernas son capaces de abrir los compartimentos superiores en aviones y autobuses y de buscar bajo tierra.

En el hogar

Muchos expertos en robótica creen que en el futuro los robots se convertirán en un elemento normal de casi todo hogar. Esto se debe sobre todo a que la gente busca que su vida sea lo más fácil posible, y quiere que alguien o algo haga las tareas difíciles, aburridas y sucias. Los robots son perfectos para ello.

Lavar los platos
Pocas personas disfrutan lavar los platos, pero este robot no se queja. Aunque esta escena no será muy común en los hogares durante algún tiempo, Panasonic y la Universidad de Tokio han desarrollado un brazo robótico que enjuaga los platos y los coloca en el lavavajillas.

Mostrar el camino
La compañía japonesa Toyota es famosa por producir autos, pero también investiga en tecnología robótica. Toyota quiere producir robots que ayuden en la vida cotidiana de las personas. En 2007, el presidente de Toyota, Katsuaki Watanabe, develó algunas de sus creaciones robóticas.

Robot de movilidad
Este robot puede seguir a su dueño, cargar cosas pesadas, dar distintos pasos y viajar hasta a 6 km por hora.

Robot violinista
En el futuro, robots parecidos a los humanos podrían entretenernos, pero también ayudar en tareas vitales.

Robina
Este robot guía puede ser programado para dar instrucciones e información a turistas humanos.

Pasear al perro
Crear un robot que pasee al perro puede parecer mera diversión, pero tiene un lado serio. Un robot así podría ser bueno para la gente mayor que desea la compañía de un perro, pero que no puede pasearlo. El robot también podría guiar a las personas mayores en sus paseos.

Robots en la ficción

Las referencias a personajes similares a robots datan de la antigua Grecia. Hoy día, los robots son un elemento popular en muchos libros, revistas, películas, programas de televisión e incluso canciones. La palabra "robot" fue usada por vez primera en la ficción. Apareció en una obra del escritor checo Karel Čapek en 1920. La palabra proviene del término checo *robota*, que significa "trabajo duro".

Los Daleks

Los Daleks son figuras parecidas a robots de la serie televisiva *Dr. Who*. Su apariencia metálica, sus movimientos mecánicos y respuestas automáticas son similares a los de otros robots de ficción, pero a veces expresan emociones, lo cual no es propio de un robot.

Astro Boy

Astro Boy apareció por vez primera en una revista japonesa de 1952, y ya ha sido la estrella de un programa de televisión y una película. Astro Boy es un robot humanoide que combate el crimen, tiene mucha fuerza y cohetes en sus botas.

R2–D2

R2-D2 es un personaje de las películas de *La guerra de las galaxias*. Mide sólo 96 cm y pía y chifla para comunicarse con otros. Es capaz de entender complejos sistemas de cómputo, lo cual le permite rescatar a otros del peligro.

Terminator

Los terminator son robots humanoides de la serie de películas *Terminator*. El primero, encarnado por Arnold Schwarzenegger, era un asesino construido por los militares.

Robots, la película

Robots es una película en la que todos los personajes son robots. Muchos tienen rasgos humanos, particularmente los personajes principales: Rodney Hojalata y Manivela.

Bender

Bender es un personaje de la serie televisiva *Futurama*. Sus características humanas enfatizan los peores aspectos de nuestro comportamiento.

Inteligencia artificial

L a inteligencia artificial –o IA– es una rama de la informática y la ingeniería que busca crear programas para que las máquinas funcionen y aprendan de forma inteligente. Dichas máquinas no han de confundirse con computadoras, que sólo procesan información según instrucciones que les dan los humanos. Las máquinas de inteligencia artificial deben ser capaces de pensar y aprender por sí mismas.

ASIMO

ASIMO es un robot humanoide que puede reconocer rostros y gestos humanos, y responder de manera personal y apropiada.

Reconocimiento facial

La tecnología de reconocimiento facial, por ejemplo, es un tipo de inteligencia artificial conocido como sistemas de aprendizaje. Estos sistemas permiten a una computadora reconocer patrones y tomar decisiones basadas en dichos patrones. Los sistemas de reconocimiento facial deben procesar muchos factores diferentes y contrastarlos con la información de sus bases de datos.

c6 2. d4 d5 3. Nc3 dxe4

DEEP BLUE

Deep Blue fue una computadora programada para jugar ajedrez contra los mejores jugadores del mundo. El campeón mundial de ajedrez Gari Kaspárov jugó seis partidas contra Deep Blue en 1997. La computadora ganó tres, perdió dos y se retiró de uno.

20
25
30
35
40
45
50
55
60
65
70
75
80
85
90
95

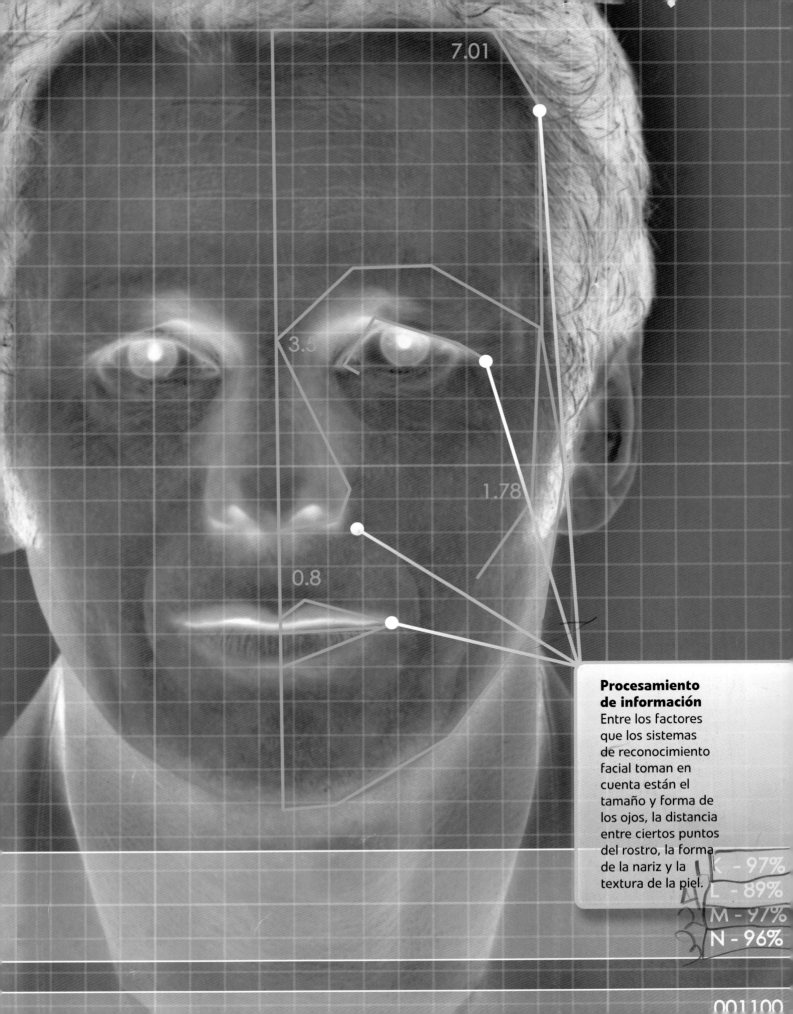

7.01

3.5

1.78

0.8

Procesamiento de información
Entre los factores que los sistemas de reconocimiento facial toman en cuenta están el tamaño y forma de los ojos, la distancia entre ciertos puntos del rostro, la forma de la nariz y la textura de la piel.

K - 97%
L - 89%
M - 97%
N - 96%

001100

¿? Tú decides

Los robots y la tecnología que ayuda a crearlos han tenido un gran impacto sobre la forma en que los humanos viven sus vidas. Sin embargo, pocas cosas en el mundo son cien por ciento positivas. La pregunta es: ¿la investigación y la tecnología robótica traerán más cosas buenas que malas para los humanos? ¡Tú decides!

Pros de los robots

Muchas de las tareas que realizan los robots son tareas que los humanos no pueden o no quieren hacer. Algunos robots exploran zonas de la Tierra o más allá, ayudando a los humanos a saber más sobre lo que les rodea. Otros, como los que se usan en operaciones médicas, pueden incluso salvar vidas.

En el frente
Algunos robots pueden identificar y desactivar bombas o minas terrestres.

En el hogar
Se están desarrollando robots que ayudarán en el hogar con las tareas aburridas y sucias como la limpieza.

Robots industriales
Un robot industrial puede levantar cargas pesadas y realizar movimientos precisos que están más allá de las capacidades humanas.

Contras de los robots

La ciencia ficción está llena de robots malvados o locos que empiezan a actuar independientemente de los humanos que los crearon. Pero existen otras razones para temer la tecnología robótica, como su potencial para hacer innecesarios a los humanos en muchas áreas de la vida, incluida la mano de obra.

Sin empleo

Los robots pueden operar sin descanso —excepto cuando hay que repararlos— y no se quejan de las condiciones de trabajo. Algunas empresas lo pasarían mejor con robots que con empleados humanos. El resultado serían largas filas de desempleados.

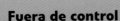

FILA DE DESEMPLEO

Fuera de control

Alguna gente teme que la tecnología robótica se vuelva tan avanzada que los robots sean capaces de pensar, actuar y reaccionar por sí mismos. Si este fuera el caso, ¿qué les impediría atacar a los humanos y apoderarse del mundo?

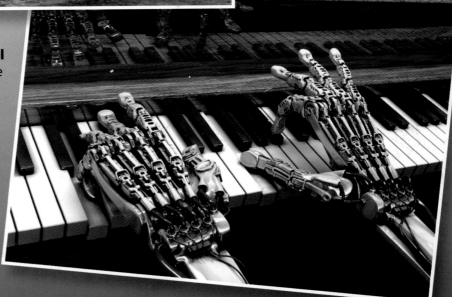

Línea del tiempo

Los robots son considerados como una invención moderna, pero la idea de crear máquinas que se vean y funcionen como humanos ha estado presente por cientos de años. De hecho, hay referencias a criaturas parecidas a robots al servicio de los dioses en la literatura griega antigua.

1495
Leonardo da Vinci crea un caballero mecánico para mostrar que el movimiento humano puede ser imitado. Más recientemente, la NASA crea los antrobots, con rasgos humanos.

1801
Joseph Jacquard inventa una máquina textil llamada telar programable. Funciona mediante tarjetas perforadas. Esta máquina hace el trabajo de varios humanos.

Década de 1890
Nikola Tesla diseña los primeros vehículos operados a distancia. Hoy, muchos robots se controlan mediante dispositivos remotos.

1920
Aparece la primera referencia a la palabra "robot" en una obra de Karel Čapek. La obra se llama *Robots Universales Rossum*.

1941
El escritor de ciencia ficción Isaac Asimov usa por primera vez la palabra "robótica" para describir la tecnología de los robots, y predice una industria de robots.

1976
Se usan brazos robóticos en las sondas Viking I y II enviadas a explorar Marte.

1997
El Pathfinder de la NASA aterriza en Marte. En un mes, envía más de 16 000 imágenes de la superficie marciana.

2000
Compañías japonesas como Honda y Sony presentan robots humanoides que reproducen movimientos humanos.

2004
El físico canadiense y experto en robótica Dr. Mark W. Tilden crea el humanoide de juguete Robosapien.

Diseña tu propio robot

Construir un robot puede ser costoso, pero nada te impide diseñarlo.

Antes de comenzar a diseñar tu robot, debes pensar lo siguiente:

1 ¿Cuál es el propósito principal de tu robot? Por ejemplo, divertirte, limpiar, realizar operaciones complicadas...

2 ¿Cómo se moverá? Por ejemplo, sobre piernas, ruedas, vías, orugas...

3 ¿Qué fuente de poder tendrá? Por ejemplo, baterías, celdas solares, cuerda...

4 ¿Qué características tendrá? Por ejemplo, sensores de luz, de sonido, de presión, cámaras...

Una vez que hayas respondido estas preguntas, puedes diseñar y dibujar tu propio robot. Luego pide a tus amigos que hagan lo mismo y comparen los resultados.

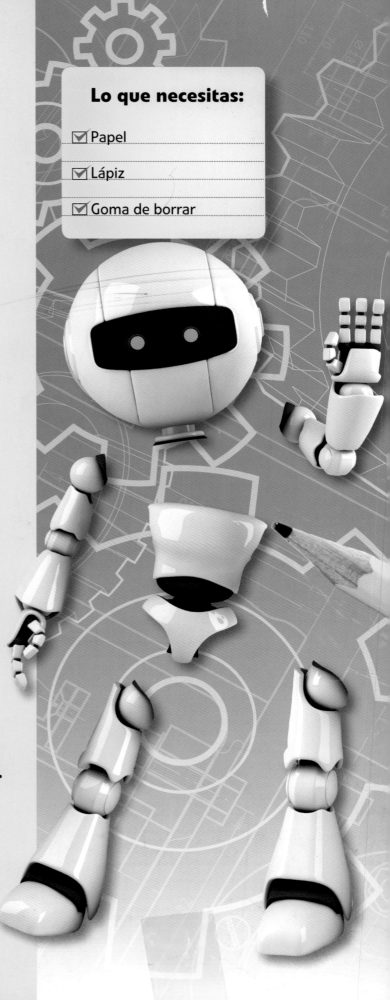

Lo que necesitas:

☑ Papel

☑ Lápiz

☑ Goma de borrar

Glosario

automatizado

que funciona sin ayuda humana directa

base de datos

sistema de almacenaje de información

celda solar

dispositivo que capta la energía del Sol y la convierte en electricidad

contras

desventajas

eliminación

la acción de deshacerse de algo

espectrómetro

instrumento que inspecciona pequeños trozos de piedra y minerales

fusión con láser

unir dos cosas usando un rayo láser

interno

que está adentro

manufacturar

el proceso de hacer algo

movilidad

capacidad de movimiento

navegar

formular una ruta y seguirla

pros

ventajas

robot humanoide

un robot que se ve como un humano

robótica

ciencia de crear y estudiar a los robots

soldar

unir metales mediante calor

telar

máquina utilizada para fabricar textiles

VOD

vehículo operado a distancia

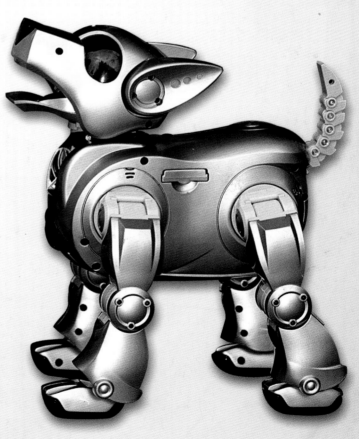

32 ROBOTS DEL FUTURO

Índice

A

ASIMO 24
Asimov, Isaac 29
Astro Boy 22

B

Bender 23
brazo robótico 6, 8, 29

C

Čapek, Karel 22, 28
celda solar 9
Centauro 15
cirugía robotizada 12, 13
controlador 9
Copa Mundial de Robots 16, 17

D

da Vinci, Leonardo 28
da Vinci (sistema) 12, 13
Daleks 22
Dante 18
Deep Blue 24
Dr. Who 22

E

espectrómetro 14

F

fuente de poder 9

H, I, J

humanoide 6, 8, 22, 23, 24, 29
inteligencia artificial 24-25
Jacquard, Joseph 28

K, L

Kaspárov, Gari 24
La Guerra de las galaxias 22
LEGO 16

N

NASA 15, 28, 29

P

Pathfinder 29

R

R2-D2 22
RealCare Baby II 17
reconocimiento de voz 8
reconocimiento facial 24, 25
Rémora 2000 18
Robina 20
robonauta 15
Robosapien 29
robot de movilidad 20
robot de seis ejes 11
robot industrial 10, 11, 26
Robots (película) 23
robots espaciales 9, 14, 15
robots exploradores de Marte 14, 15

S

SCOUT (explorador) 15
sensor de luz 8
sensor de presión 8
sensor de sonido 8
sistemas de aprendizaje 24
Super Achilles 18

T

Terminator 23
Tesla, Nikola 28
Tilden, Mark 29

V

Viking I 29
Viking II 29

Créditos y agradecimientos

CLAVE: d=derecha; ai=arriba izquierda; ac=arriba centro; ad=arriba derecha; ci=centro izquierda; c=centro; cd=centro derecha; abi=abajo izquierda; abc=abajo centro; abd=abajo derecha; f=fondo

CBT = Corbis; GI = Getty Images; iS = istockphoto.com; N = NASA; PIC = The Picture Desk; SH = Shutterstock; TF = Topfoto; TPL = photolibrary.com; wiki = Wikipedia

portada abi SH; **contraportada** abc iS; ci SH **1**c TF; **2-3**f TPL; **6**abc, abi, cd SH; **7** abd, ai CBT; ad iS; **8-9** c GI; **10-11**c TF; **11**abd SH; **12**ci CBT; **12-13**c TPL; **13**abd TPL; **15**cd N; **16**ci TPL; **16-17**abc TPL; **17**ci TF; cd TPL; **18**abc, ai TPL; **19**f CBT; **20**c CBT; ai GI; **21**f GI; **22**abi GI; abd CBT; ad TF; **23**abc GI; ai PIC; ad TF; **24**abi GI; ci TF; **24-25**f GI; **26**abi GI; abd SH; ci iS; **27** abd, ac iS; c SH; **28**c CBT; abc TF; ci wiki; cd TPL; **29**abi, ac N; abd CBT; ci TF; ad GI; **30**c, cd, f SH; **31**abd TF; **32**cd SH

Copyright de todas las ilustraciones de Weldon Owen Pty Ltd